für:

von:

Piggeldy und Frederick

Was ist Glück?

Erzählt von Elke Loewe

Gezeichnet von Dieter Loewe

Ravensburger Buchverlag

Piggeldy wollte wissen, was Glück ist.
„Frederick“, fragte Piggeldy seinen großen Bruder,
„Frederick, sag mir, was Glück ist.“
„Nichts leichter als das“,
antwortete Frederick, „komm mit.“
Piggeldy folgte Frederick.

Sie liefen auf dem Deich
hintereinander her
und die Vögel sangen
und in den Weiden sauste der Wind.
„Das Glück ist stets bei den Mutigen,
die voran gehen“, sagte Frederick.
„Aha“, sagte Piggeldy,
rannte nach vorn
und ging nun als erster.

„Und wo finden wir das Glück?“,
fragte Piggeldy.
„Wart‘s ab“, sagte Frederick.
„Immer warten“, maulte Piggeldy.
„Glück kommt und geht“, sagte Frederick.
„Hast du ihm etwa Beine gemacht?“,
fragte Piggeldy.
„I wo!“, sagte Frederick,
„Glück hat keine Beine.“

„Was hat Glück dann,
wenn es keine Beine hat?“,
fragte Piggeldy nach einer Weile.
„Glück hat manchmal vier Blätter“,
sagte Frederick geheimnisvoll.
„Nur vier Blätter?“,
fragte Piggeldy enttäuscht.
„Nur vier Blätter“,
antwortete Frederick hochnäsig.

„Die Weide da hat aber Millionen Blätter,
du Dösbaddel!“, rief Piggeldy.
Er fiel vor Lachen den Deich hinunter,
zog Frederick mit sich
und beide landeten mit dem Maul im Gras.
„Ich hab echt die Schnauze voll
von deinen blöden Erklärungen!“,
jammerte Piggeldy.

„Oh! Du hast ein vierblätteriges
Kleeblatt gefunden!“,
brummte Frederick mit vo
„Und du auch!“, nuschelte

„Sc … erick begeistert.
… fragte Piggeldy.
… nnen.

Der Wind sang in den Halmen
und die Grashüpfer hüpften im Gras.
„Wie schöön!“, freute sich Piggeldy.
„So einfach kann Glück sein.
Schnauze voll und schon ist es da!“
„Manchmal“, sagte Frederick,
„muss sie eben voll sein,
um das Glück zu erkennen.“

„Genau“, sagte Piggeldy zärtlich.
„Du hast Glück, dass ich dein kleiner Bruder bin,
sonst müsstest du immer einsam
und allein durch die Gegend laufen.“
„So ist es“, sagte Frederick und lief nach vorn.
Und Piggeldy ging mit Frederick nach Hause.